# 大跨连续刚构桥梁建设及结构健康监测评估技术指南

**Technical Manual for Structural Health Monitoring / Appraisal and Construction of Large-Span Continuous Rigid Frame Bridges**

云南省公路开发投资有限责任公司 主编

人民交通出版社股份有限公司
China Communications Press Co.,Ltd.

## 内 容 提 要

本指南根据大跨连续刚构桥的特点,从设计、施工、营运监测与养护等方面分别进行了关键技术说明。本指南可作为大跨连续刚构桥设计、施工、监测与养护指南。本指南可供公路科研、设计、施工、监理、检测及监测等人员参考。

**图书在版编目(CIP)数据**

大跨连续刚构桥梁建设及结构健康监测评估技术指南/云南省公路开发投资有限责任公司主编. —北京 :人民交通出版社股份有限公司, 2015.10

ISBN 978-7-114-12559-1

Ⅰ. ①大… Ⅱ. ①云… Ⅲ. ①长跨桥—连续刚构桥—桥梁施工—指南②长跨桥—连续刚构桥—桥梁结构—安全监测—指南 Ⅳ. ①U448.23-62

中国版本图书馆 CIP 数据核字(2015)第 252238 号

**书　　名:大跨连续刚构桥梁建设及结构健康监测评估技术指南**
**著 作 者:**云南省公路开发投资有限责任公司
**责任编辑:**刘永芬
**出版发行:**人民交通出版社股份有限公司
**地　　址:**(100011)北京市朝阳区安定门外外馆斜街 3 号
**网　　址:**http://www.ccpress.com.cn
**销售电话:**(010)59757973
**总 经 销:**人民交通出版社股份有限公司发行部
**经　　销:**各地新华书店
**印　　刷:**北京鑫正大印刷有限公司
**开　　本:**880×1230 1/16
**印　　张:**1.75
**字　　数:**44 千
**版　　次:**2015 年 10 月 第 1 版
**印　　次:**2015 年 10 月 第 1 次印刷
**书　　号:**ISBN 978-7-114-12559-1
**定　　价:**25.00 元

# 前　　言

连续刚构桥以其跨越能力大、施工难度小、行车舒顺、养护方便、造价较低等优点，已成为公路桥梁尤其是山区跨越峡谷的重要结构形式。然而，由于设计、施工及管养等多方面的影响，目前大跨连续刚构桥跨中下挠、开裂等已成为普遍性的病害，给桥梁运营安全带来了极大的挑战。因此，从设计、施工、运营监测和养护等环节，进一步规范大跨连续刚构桥相关技术标准非常必要。

本指南结合云南省科技惠民计划项目“在役大跨桥梁监测评估及安全保障技术研究与应用”在蒙新高速公路两座连续刚构桥梁监测评估的实践经验，并参照国内外相关技术研究成果编制而成。该指南可供公路科研、设计、施工、监理、检测及监测等人员使用。

各单位在使用本指南过程中发现的问题和修改意见，请随时函告云南省公路开发投资有限责任公司（地址：云南省昆明市前兴路大商汇对面，邮编：650000，电话：0871-7158010，电子邮箱：zyx6668@126.com），以便修订时参考。


主编单位：云南省公路开发投资有限责任公司

云南蒙新高速公路建设指挥部

重庆交通大学

云南省高原山区桥梁隧道加固工程技术研究中心

北京中交睿达科技有限公司

北京中通四维公路桥梁技术咨询有限责任公司

云南展旭公路工程技术咨询有限公司

长安大学

主要编写人员：周应新　张汝文　赵栋淇　周建庭　杨建喜　巨永锋

刘　巍　岳锐强　邹　霖　张　波　彭　凯　马　赟

王　斌　方绍林　喻东晓　杨俊宏　李丹丹　等

# 目　　录

# 1 设计

## 1.1 总则

(1)为减少或避免连续刚构桥梁在正常使用状态下结构出现跨中下挠过大、腹板斜裂缝、底板裂缝等病害,贯彻技术先进、安全可靠、耐久适用、经济合理,以及有利于环境保护的基本设计原则,特制订本指南。

(2)设计阶段应结合桥位处的地形、地质、气候、环境等综合因素,进行大跨径桥梁结构的多方案技术经济比选。选用连续刚构桥梁方案时,主跨跨径不宜大于180m,4跨以上连续多跨桥梁的最大跨径不宜大于160m,墩高不宜大于140m,多跨连续刚构桥梁总长不宜大于1 000m。

(3)处于复杂、恶劣使用环境下的连续刚构桥梁,宜进行特定使用条件和环境下的寿命评估和风险评估,并采取有针对性的技术措施和构造措施提高结构的使用寿命和耐久性。

(4)连续刚构桥梁结构,应同时进行持久状况、短暂状况和偶然状况下承载能力极限状态和正常使用极限状态设计计算,各控制截面的极限承载能力、受压区高度界限值规定、正截面拉应力或压应力、主拉应力和结构的变形或挠度(刚度)要求、裂缝宽度限值,以及特定条件(临时特殊作用的荷载、地震作用、船舶或汽车撞击等)下的承载能力要求,均应满足现行设计规范的规定。

(5)连续刚构桥梁的上部梁体混凝土强度等级不应低于C50,墩体钢筋混凝土的强度等级不应低于C30。条件允许时,受力钢筋应使采用HRB400、HRB500、HRBF400、HRBF500和RRB400KL400钢筋。

(6)连续刚构桥梁混凝土的强度和耐久性,可通过提高混凝土的自密性和改善混凝土的级配设计予以提高,应慎用混凝土添外加剂。

(7)连续刚构桥梁的设计应实行分阶段管理和控制,通过严格控制和审查各个设计过程或环节的质量,实现高质量的设计。

(8)连续刚构桥梁应充分考虑桥梁的防震、抗震和减震性能,应首选整体性高、横向稳定性好的桥跨结构,特殊桥梁必须采用抗震型支座,对于位于地震烈度Ⅶ度区的特大桥以及具有重要意义的桥梁,应提高1度设防;应按高于本地区抗震设防烈度1度的要求加强其抗震措施;但抗震设防烈度为9度时,应按比9度更高的要求采取抗震措施;地基基础的抗震措施,应符合有关规定。同时,应按本地区抗震设防烈度确定其地震作用。

(9)连续刚构桥梁上部结构的选择要结合当地的地形特点,对于地质条件差、地基承载力小、沉降变形大的特殊地形地质，综合考虑到行车舒适性、安全性，认为何种体系更能体现结构的合理性，保证桥面平整、行车舒适、外形美观，减少接缝颠簸，比如先简支后连续或者先连续后简支等结构形式。

（10）连续刚构桥梁下部结构的基础形式的设计选择时，要考虑是摩擦桩还是嵌岩桩，应根据桥址当地气象、水文、地形、地质等综合条件，并结合上部结构特点及施工难易程度予以综合比选确定。

（11）连续刚构桥梁的桥面线形的控制应满足：平面线形应尽量设计成直线，若有困难时，平曲线最小半径应大于现行《公路工程技术标准》中规定的不设超高的最小半径；宜设置一定的凸形竖曲线，若路线纵断面设置困难时，也可在不影响两端接线线形的前提下设置局部竖曲线，但应采取桥位附件的限速措施；应重视悬臂浇筑阶段裸梁顶的高程调整，桥面铺装宜以厚度控制为原则，桥面线形圆顺即可，避免为了找平高程而产生局部超载。

## 1.2 设计中必须重点考虑的几个作用

### 1.2.1 结构自重和预应力

考虑结构自重和预应力时，应计入现行《公路桥涵施工技术规范》容许范围内的施工偏差对结构内力的影响，同时应考虑此部分偏差引起的收缩徐变内力的变化。

设计计算应体现结构形成的过程和状态。对于悬臂施工的连续刚构桥梁，应按施工顺序逐步计算结构因各个项荷载（作用）产生的内力效应并予以叠加，计入混凝土收缩徐变的影响，形成永久作用效应。不应按桥梁总体形成时的整体落架图式一次性地计算内力效应，以避免计算得到的主梁根部负弯矩效应与相比实际情况偏小现象的产生。

### 1.2.2 车辆荷载

在进行计算结构的整体性纵向荷载效应计算时，应考虑行车横向偏载的影响；在进行局部荷载效应计算时，除应考虑冲击作用外，可结合当地情况和业主共同评估后，计入适当的车辆荷载的超载系数。

### 1.2.3 温度

纵向计算时，温度作用值应按现行《公路桥涵设计通用规范》的规定取用，并计算结构的均匀升温或降温效应以及温度梯度引起的内力；横向计算时，宜按箱室内外 ±8 ~ ±10℃的梯度温差计算局部阶节段构件的温度效应，应进行结构的空间应力分析。

### 1.2.4 徐变

应充分估计混凝土收缩徐变对结构的影响。原则上应进行混凝土的徐变试验，按照试验得出的徐变系数和终极值进行徐变计算；实在困难，缺乏试验条件时，方可按相关规范的规定计算混凝土的徐变系数和终极值，但应在设计中加以说明，要求施工前补充实际施工所采用混凝土的徐变试验值提交设计单位进行复算。建议使用徐变增量逐步迭代法计算混凝土的徐变效应。

**1.2.5** 构件调整力

(1)连续刚构桥梁在主跨合龙前,应根据需要在跨中两主梁悬臂端用水平千斤顶互施水平顶推力,以调整主跨及双壁墩身的内力,设计时应计入调整力对结构的影响。

(2)连续刚构桥梁在边跨主梁处于悬臂状态时,应在主梁悬臂端施加竖向临时荷载,于边跨合龙后卸除,以调整双壁墩身内力,设计时也应计入其影响。

**1.2.6** 船舶、漂流物的撞击力

江河、海峡等通航或有漂流物条件下修建连续刚构桥梁,应进行船舶或漂流物横桥向撞击力计算。采用双薄壁桥墩时,通常不能直接承受船舶及或较大漂流物的撞击力,必须应采取各种有效措施,以防止船舶或漂流物的直接碰撞。如:①墩周设人工刚性防撞岛;②墩周设柔性消能防撞设施;③墩周设分离式防撞岛。

**1.2.7** 抗风

大跨度刚构桥由于其施工和造价上的优势,已成为一种很有竞争力的桥型,但由于其上部结构悬臂施工长度长、自重大、墩体又常采用薄壁墩,其最大双悬臂状态的振动频率往往较低,因而风致振动和风致结构内力就成为桥梁设计者们十分关心的问题。目前我国高速公路刚构桥,由于桥面要求较宽,常将上部结构按上、下行分为两幅,桥面净间距一般较小,两幅梁的截面相同,为单箱单室变截面箱梁,每幅梁下的墩身各自由两平行布置的薄壁箱形截面墩板组成。

有必要采用风洞试验或者数值计算方法来确定连续刚构桥梁最大双悬臂施工状态的抗风性能以及应采取相应的制振措施,比如:

(1)设计横向两幅主梁相连,能有效地减小悬臂端的风致横向振动响应,由于该桥的横向振动响应较竖向振动响应大得多,因而减小横向振动响应能大大提高该桥的施工抗风安全度。

(2)在主梁1/2悬臂长度截面到2/3悬臂长度截面位置悬臂长度处之间适当位置设置横向连系,这是良好而又简便的抑振技术措施。

**1.2.8** 抗震

地震可靠度是结构抗震研究中一个比较重要的问题,应采用反应谱法、时程分析法、响应面法等方法,计算研究具有随机结构参数的高墩大跨连续刚构桥梁铁路桥梁在地震作用下的动力可靠度的地震响应。要考虑桥梁结构物理参数和场地土的随机性,计算桥梁在多遇地震、设防地震和罕遇地震作用下的失效概率,获得其在设计基准期内应通过延性抗震、能力保护及适当的减震措施,实现连续刚构桥梁“小震不坏”、“中震可修”及“大震不倒”的抗震设防目标地震可靠度。计算是否满足桥梁规范的抗震设计要求。

## 1.3 设计中必须加以重视的几种计算

### 1.3.1 持久状况承载能力极限状态计算

(1)连续刚构桥的安全等级应按照一级来控制,即结构的重要性系数取1.1。

(2)连续刚构桥主梁的承载能力计算,应考虑施加预应力产生的次内力的影响。

(3)连续刚构桥梁,在计算由预加力偏心引起的弯矩所产生的应力时,应取用箱形截面梁翼缘的有效宽度。结构的整体内力计算,结构截面承载能力计算,以及预应力混凝土梁中预加力作为轴向力所产生的混凝土应力的计算,应取用箱形截面梁实际的翼缘宽度。

(4)剪跨比较小时,可采用增加竖向预应力筋的方法提高连续刚构桥箱梁截面的抗剪承载力;剪跨比较大时,竖向预应力的增大对承载力提高的影响有限。无论剪跨比为何值,均可采用增设竖向预应力筋或纵向预应力筋的方法提高箱梁截面的开裂荷载。

(5)应适度调整下弯预应力筋的下弯角度,以充分发挥腹板的抗剪作用。箍筋发挥抗剪作用并不仅仅由箍筋的配筋率决定,应综合考虑纵向预应力筋、普通钢筋及竖向预应力筋的作用。应利用腹板纵向普通钢筋对抗剪性能提高作用和在纵向预应力作用下初始压应力对截面开裂荷载的提高作用,纵向普通钢筋的配筋量宜与箍筋相当。

### 1.3.2 持久状况正常使用极限状态计算

(1)跨径大于100m的预应力混凝土连续刚构桥的上部构件,不应进行部分预应力混凝土设计,应按照全预应力混凝土构件设计。

(2)大跨径预应力混凝土连续刚构桥,应在施工图设计阶段作为主梁结构在永久荷载作用下主跨跨中的挠度控制设计。主梁的主跨跨中在自重恒载、二期荷载、预加力等除混凝土收缩徐变以外的永久作用下的弹性下挠度值宜控制在$L/4\ 000$($L$为连续刚构桥主跨跨径,单位:m)以内。

(3)应考虑施工误差对结构挠度的影响:设计应考虑施工规范容许范围内的自重施工偏差对结构挠度的影响,包括结构自重偏差±5%和桥面铺装层的超厚$L/7\ 000$($L$为连续刚构桥主跨跨径,单位:m),同时应考虑施工误差对混凝土收缩徐变挠度的影响;设计应考虑施工规范容许范围外的偏差,并采取适当的措施予以补救,比如预留钢束、体外束等。

(4)应考虑纵向预应力误差对结构挠度的影响:设计应分析全部纵向预应力误差±6%对结构弹性挠度的影响,同时分析此项误差对混凝土收缩徐变挠度的影响;设计应明确从施工工艺和技术上采取哪些有效措施,保证有效预应力的增加,比如采用智能张拉、真空压浆等工艺和技术,确保预应力张拉质量及波纹管注浆饱满;设计时还应考虑到施工中可能存在的多种因素会引起有效预应力达不到设计值,可按某一指定的有效预应力不足比例进行挠度计算,并考虑钢绞线失效对结构的影响,适当增加主梁跨中底板钢束用量,提高预应力强度,减少主梁下挠值。

(5)混凝土收缩、徐变对于结构内力和变形的影响较大,且影响因素众多,设计时应充分估计混凝土收缩、徐变对于结构受力和变形的不利影响,保证结构安全。

(6)应考虑活载对于结构徐变挠度的影响。设计时应考虑活载引起的结构徐变下挠值的加大。

(7)计算参数的取值应合理,尤其对于预应力筋与管道之间摩擦系数的取值应慎重,有些试验表面,按现行规范值取用的管道摩擦系数取值偏于不安全,设计时应明确要求在施工前应做预应力损失试验,确定预应力筋与管道之间的摩擦系数取值,并提交设计单位进行复算,准确确定有效预应力张拉吨位是否到位。施工中可采用真空辅助压浆工艺,但设计时应注意塑料波纹管与钢波纹管的管道摩擦系数取值的不同对结构预应力和结构变形计算的影响。

### 1.3.3 持久状况和短暂状况构件的应力计算

(1)在运营阶段,主梁应按照全预应力混凝土构件设计,考虑最不利荷载效应后,跨中下缘应有适量的压应力储备,有效解决跨中下挠问题,跨中下缘压应力宜大于等于$(1+L/100)$MPa($L$为连续刚构桥主跨跨径,单位:m)。由于不同的徐变计算方法得到的跨中下缘应力相差较大,在分析主梁跨中正应力储备时,应充分估计混凝土收缩徐变的影响。

(2)进行正截面应力计算时,除考虑结构各类自重、施工荷载和规范荷载的作用外,应考虑施工规范容许范围内的施工偏差对结构受力和截面应力的影响,主要应考虑主梁结构超方、桥面调平层超方及钢绞线失效对主梁下缘压应力储备等的影响。

(3)进行结构的设计计算分析时,应考虑箱梁剪力滞后效应对结构构件截面正应力的影响,考虑实际应力会比计算值大,应做空间结构分析,确定箱梁的剪力滞系数,以指导设计,保证结构的安全度。在最不利荷载组合效应的作用下,结构或其构件的控制截面受压边缘的混凝土正应力应小于规范规定的混凝土轴心抗压强度设计值。

(4)最大主拉应力有可能位于截面腹板中性轴、腹板上倒角下缘或腹板下倒角上缘等截面尺寸变化处,应进行相应的计算,并经比较后得出其最大值。

(5)腹板出现斜裂缝是大跨径预应力混凝土连续刚构桥较常出现的病害,从受力方面来说,其主要原因是计算主拉应力时考虑的因素不全及竖向预应力有效应力较低,导致计算主拉应力值比实际主拉应力值偏小,有效应力得不到保证。现行规范仅从纵向和竖向二维来分析主拉应力,实际的箱梁是三维受力模式,应该考虑横向因素的影响。计算竖向预应力钢筋的有效预应力时,应考虑由于弹性压缩、混凝土收缩徐变、锚具回缩等因素产生的竖向预应力损失,为切实保证竖向预应力的效果,建议较高梁段(比如梁高大于6m)的竖向预应力采用钢绞线一次张拉,较低梁段的竖向预应力可仍采用精轧螺纹钢筋二次张拉。

(6)横向分析是大跨连续刚构桥结构设计的一个重要环节。通过箱梁的横向分析,可判断整个桥跨范围内箱梁薄弱断面,采取必要的技术措施,确保每个断面在荷载作用下横向的安全性,有效控制箱梁的纵向裂缝及混凝土劈裂。横向分析宜按空间实体单元模型计算。横向计算时，箱内外宜考虑不小于8℃的温差，除按照现行规范要求考虑1.3的冲击系数外，可结合当地情况与业主商议后适当考虑超载影响。

(7)横向分析应考虑自重、桥面铺装超方、活载、活载偏载、超载、底板预应力钢束的径向力及箱内外温差等因素对结构的影响，验算顶板、底板跨中下缘、底板根部上缘、腹板内侧的安全性。应按现行规范中关于预应力混凝土构件的要求来验算顶板的各项受力，按照钢筋混凝土构件的要求，验算腹板和底板裂缝宽度和极限承载能力。

(8)为避免底板的弯曲破坏，首先应将纵向预应力管道尽量靠近腹板布置，减小径向分力对底板产生的弯矩。同时在横向抗弯设计中，应增加底板下缘中部、上缘转角部的横向钢筋及防崩钢筋数量，并在主桥箱梁的两侧腹板和底板外壁设置一层防裂钢筋网片。

(9)应进行连续刚构桥梁有效预应力不足的敏感性分析，必要时可按某一指定的有效预应力不足比例进行配束，充分考虑到各种不安全因素。设计中可考虑将一部分中跨底板钢束在下一节段恒载施加一段时间后再张拉，即加长了加载龄期。设计中还应考虑运营期有效预应力不足时的补救措施，建议采用预留体外预应力钢束的措施，可在设计中预先设置锚固和转向齿板、锚具和转向器等配套构造，以备后期不时之需。

(10)针对曲线大跨径连续刚构桥，分析验算施工阶段梁体自重、挂篮、预应力、混凝土收缩徐变因曲率半径产生的扭矩、扭转角及横(竖)向变形。

## 1.4 构造及施工措施

### 1.4.1 箱梁一般构造

(1)预应力混凝土连续刚构桥的跨中梁高，宜采用1/40～1/50的主跨跨径，小跨径取大值；根部梁高宜采用1/16～1/18的主跨跨径；边、中跨比宜为0.54～0.58；双肢空心墩的墩高与主跨跨径之比不宜小于0.13；箱梁的底板、顶板、腹板及悬臂端的最小厚度应分别为32cm、28cm、50cm、15cm；箱梁的悬臂长度不宜大于5m，应考虑活载在悬臂端部引起的锅底效应，即在车轮荷载作用部位悬臂下缘混凝土受拉的效应，因此悬臂下缘的横向钢筋直径不能过小。

(2)箱梁刚度宜尽可能地渐变，如0号块与2号梁段的腹板及底板的厚度宜通过1号梁段过渡；0号块底板、腹板、顶板厚度可较1号块或2号块梁段的底板、腹板、顶板厚度适当增加，根据计算确定增加值，但最小不能少于20cm；主梁箱宽不宜大于桥面全宽的1/2，且箱梁的长边与短边之比不宜大于4，否则应设置成多箱室。

(3)箱梁底板下缘顺桥向必须在一条平顺的曲线上，边跨现浇段及中跨合龙段与悬臂端最后一个梁段之间不允许有相对转角，可设置成抛物线。

### 1.4.2 墩身一般构造

(1)主墩桩基宜做成嵌岩桩，在地质条件较差只能做摩擦桩时，对于160m以上的跨径应做试桩；当主跨跨径较大时，常采用双薄壁空心墩，双薄壁墩间距可由施工中的不平衡弯矩来确定。

(2)空心薄壁墩墩底宜有适当的实心段,以便承台和薄壁墩刚度过渡,墩底实心段长度可取3~5m;为保证高墩的刚度及稳定性,可在适当位置的双薄壁墩之间设置横系梁,并应与薄壁空心墩内的横隔板对应位置设置。

(3)主梁0号块横隔板宜设计成柔性横隔板,每道横隔板厚度宜取50~60cm;在墩顶一个墩壁厚度范围内应增设封闭箍筋,以提高该区域的墩身混凝土承压强度;可采取合龙前顶推主梁、边跨合龙前后加卸载等措施来调整连续刚构桥的桥墩受力。

(4)应尽量减小墩底与承台、墩顶与0号块及各梁段间在浇筑时的相对龄期差,墩底与承台的浇筑龄期差不宜大于30d,0号块各层和各相邻梁段之间的浇筑龄期差不宜大于15d。

(5)高墩连续刚构桥一般地处大型峡谷,由于峡谷风效应,瞬时风速及紊流强度较大,高墩既要满足稳定性要求,又必须抵抗强大的、对设计起控制作用的风荷载。为抵抗横桥向风荷载,减小偏载引起的侧向位移,提高行车舒适性,墩柱横桥向刚度应设计得较大;无论是在悬臂施工阶段还是运营阶段,横桥向风荷载均起控制作用,应尽可能减小墩柱横向迎风面积、改善气动外形、减小风载体形系数。

### 1.4.3 普通钢筋及预应力钢束的构造要求

(1)箱梁纵向钢筋和横向钢筋的间距不宜大于20cm,纵向钢筋和底板横向钢筋的直径不宜小于16mm,腹板箍筋直径不宜小于12mm。当箱梁不设置竖向预应力钢筋时,纵向钢筋和底板横向钢筋的直径不宜小于20mm,腹板箍筋直径不宜小于16mm,箍筋间距不宜大于15cm。当顶板设有横向预应力时,顶板上层钢筋和箱内顶板下缘横向钢筋直径不宜小于16mm,悬臂板下缘和箱中承托下缘钢筋直径不宜小于12mm。

(2)底板预应力管道应靠近底板上缘布置,即紧贴箱梁底板的上层钢筋,以增大截面抵抗钢束径向力的抗剪厚度;在两个预应力管道之间及最外排管道的外侧均应设底板预应力防崩钢筋,防止底板预应力钢束张拉时将底板下缘保护层崩裂;防崩钢筋顺桥向间距不应超过两个横向钢筋间距,也不应呈梅花形布置,避免部分钢束两侧没有防崩钢筋,防崩钢筋不能等同于底板或相关部位的架立钢筋,不能缺少;由于箱梁底板下缘每个梁段间有折点,故不应要求每个断面预应力钢束中心与底板下缘是定值,否则钢束会有折角,预应力钢束应设计成圆顺弧形,且其平弯和竖弯半径应尽量加大设置,避免钢束产生折角或死角。

(3)预应力钢束管道间间距应不小于6cm,在直线段两管道竖向可以叠加;竖向预应力钢束应对称腹板中心布置;纵向预应力钢束应布置在靠近腹板处;边跨底板预应力钢束宜除20%且不少于两束的预应力钢束按直束通过支座外,其余底板束一律上弯并锚于边跨端部;顶板纵向预应力钢束宜通过平弯及竖弯锚固在顶板与腹板交界处,底板纵向预应力钢束宜通过平弯及竖弯锚固在底板与腹板交界处,否则应验算锚前和锚后的局部应力。

(4)主梁纵、横、竖三向预应力钢束应错开布置,避免钢束的锚头、管道相互干扰,或锚头管道与普通钢筋干扰不能准确到位而影响预应力效果。

(5)预应力钢束的张拉龄期除满足混凝土强度外,加载龄期不得小于7d,以减少收缩徐变的影响。张拉时,应对加载时的混凝土弹性模量提出要求。

### 1.4.4 施工措施及其他要求

(1)所有纵、横、竖向预应力锚头应在张拉完成、压浆后加盖帽,并在盖帽内注入防腐油脂,保持密封。

(2)除承台、墩身、0号块可分层浇筑外,其余梁段均应一次浇筑完成,0号块混凝土可沿高度方向分两次浇筑,分段位置应在箱梁截面中性轴附近。两次浇筑混凝土的龄期差应控制在7d以内,混凝土的初凝时间必须大于浇筑时间。

(3)应对预应力管道的压浆饱满度进行严格检查,必要时可开孔检查;应严格控制预应力钢束的张拉效果及质量,应要求做1%的抽样检查;应严格控制梁段施工质量,避免梁段接缝处出现错台及裂缝;应严格控制施工中出现的超方。

(4)当竖向预应力采用精轧螺纹钢时,应在不少于5%的竖向预应力钢筋下设测力环,并用扭矩扳手做扭力测定,且竖向预应力应采用二次张拉工艺完成。竖向预应力钢束应使用不少于四根钢绞线的圆锚,将单根钢绞线用直径为4mm的铅丝捆成整体并编束,然后穿束张拉。

(5)连续刚构桥的边跨现浇、边跨合龙、中跨合龙是三个关键施工工序,设计时应要求工序的全过程均在结构处于稳定变形条件及平衡状态下进行。设计应给出详细的边、中跨合龙施工流程图及合龙施工流程说明。

(6)设计时,应明确要求在确定各梁段立模高程时应充分考虑各种因素的影响,确定出主梁合理的预拾值和桥面线形。跨中预拱度的计算值一般偏小,可适当放大;为便于施工监控,设计应给出施工过程中每个施工阶段的结点挠度表,并根据实际施工情况及时计算修正。

(7)为便于后期管养维护,设计中应考虑并设置:箱梁内外的检查通道及照明设备;桥墩上的扶梯及进出口;必要的桥梁后期长期健康监测系统。并提供详细施工图纸及说明。

# 2 施工

## 2.1 总则

(1)结合本指南“设计”部分,针对连续刚构桥梁跨中持续下挠和梁体开裂两大问题,从材料、施工设备、施工工艺、施工工序和施工方法等方面明确提出处理措施及解决方案,作为现行《公路桥涵施工技术规范》的补充,以提高连续刚构桥梁的设计寿命和耐久性,特制定本指南。

(2)应严格施工工艺和过程质量管理,以实现设计意图。

## 2.2 建筑材料

### 2.2.1 水泥

水泥宜选用标准稠度底、强度等级不低于42.5级的中热硅酸盐水泥或普通硅酸盐水泥,选用水泥强度应与需要配制的混凝土的强度相适应。应使用硅酸三钙含量小的低热水泥,要求配制混凝土所用的水泥7d水化热不大于250kJ/kg,避免因水化热大而造成混凝土收缩裂纹。

### 2.2.2 粗集料

应采用坚硬的碎石,采用机械集中生产。应选取粒径稍大(10~25mm为宜)、强度高、级配好、弹模较低的集料。碎石集料母岩强度应达到2倍混凝土强度等级控制,严格控制针片状颗粒含量,含泥量小于1.5%。

### 2.2.3 细集料

应采用级配良好、质地坚硬、颗粒洁净、粒径小于5mm的河砂。如果工地河砂不易得到时,也可用山砂或用硬质岩石加工的机制砂。应控制砂的含泥量小于1.5%。

### 2.2.4 优化配合比设计

配合比设计准则为低砂率、低坍落度、低水灰比、低水泥用量;应慎用外加剂(特别是早强剂),可掺入适量符合质量标准的缓凝高效减水剂和高性能引气剂、膨胀剂;以受压为主的结构或构件,可以掺入高质量的粉煤灰,以生产出高强、高韧性、中弹性模量、低热量的抗裂混凝土。

#### 2.2.5 普通钢筋及预应力钢筋

普通钢筋及预应力钢筋的质量及其保护材料必须符合现行国家及行业有关标准及规范的规定。对于难以采用涂层防护预应力钢筋和钢绞线的保护，在混凝土或灌浆中掺加钢筋阻锈剂是有效的防护方法之一，作为多重防护措施，钢筋阻锈剂还可与环氧涂层钢筋、阴极保护及混凝土外涂层联合、搭配使用。但钢筋阻锈剂应符合对混凝土的主要物理力学性质无不利影响、能有效抑制钢筋脱钝及锈蚀、能在混凝土中保持长期稳定的要求。

#### 2.2.6 拌和用水

水中不应含有影响水泥正常凝结与硬化的有害杂质或油脂、糖类及游离酸类等。污水、pH 值小于 5 的酸性水及含硫酸盐量超标的水均不得使用。

#### 2.2.7 高性能混凝土

有条件时应选用高性能混凝土，即能更好地满足结构功能要求和施工工艺要求的混凝土，以最大限度地延长混凝土结构的使用年限，降低工程造价。混凝土拌和物中由各种原材料引入的氯粒子总质量应不超过胶凝材料总量的 0.1%（钢筋混凝土结构）或 0.06%（预应力凝土结构）。

### 2.3 承台及墩身浇筑

#### 2.3.1 承台裂缝控制

承台为大体积混凝土，其施工应严格控制温度裂缝（内外温差、时间温差及混凝土表面与环境温差）和收缩（干燥、塑性、自身及炭化收缩）裂缝。施工前必须对水化热及热应力作详细的计算分析，并制定切实可行的降低水化热的施工方案，避免产生温度裂缝。

#### 2.3.2 承台浇筑及养护

按温度控制方按设置冷却管，在混凝土内部通入冷却循环水，采用循环法保温养护，以便加快混凝土内部的热量散发。混凝土表面覆盖织物进行保湿、保温养护，降低混凝土内部温度及内外温差；根据混凝土搅拌、输送和运输的能力采用台阶式分层浇筑、振捣；层间浇筑的时间间隔应尽量缩短，必须在前层混凝土初凝之前，将其次层混凝土浇筑完毕。

保温养护的持续时间一般从混凝土浇筑后 5 ~ 12h 开始计算，具体的养护时间应根据温度应力（包括收缩应力）加以控制确定，但不得少于 15d，但大体积混凝土或有严格温控要求的结构，应在浇筑后即开始养护，并应至少延续 24d，保温覆盖层的拆除应分层逐步进行，在保温养护过程中应保持混凝土表面的湿润。

#### 2.3.3 承台混凝土拆模时间控制

混凝土应尽可能晚拆模，不能小于 14d。拆模后混凝土表明温度不应下降 15℃ 以上，拆模后应连续进行注水养护，且必须保证养护水的温度与混凝土表面温度相适应，以防止开裂。

**2.3.4** 墩身浇筑

桥梁墩身混凝土可考虑采用直接支模或翻模或滑模施工，并注意新老混凝土结合面的清洗和凿毛，应选用同一厂家的水泥；主墩墩身第一次浇筑高度至少应达到6m，以减少刚度突变带来的混凝土收缩裂缝。墩身垂直度允许偏差不得大于1/1 000，且墩身各断面中心位置与设计位置偏差不得大于2cm。墩身表面需安装贴面冷轧带肋箍筋焊网，网片之间的接长采用插接，插接长度不小于20cm。墩身和承台之间的混凝土浇筑龄期差不得大于30d。

## 2.4 箱梁浇筑

**2.4.1** 箱梁0号块段的浇筑

(1)浇筑龄期及次数

墩身浇筑完毕后，为避免2次浇筑而产生竖向收缩裂纹，应尽快浇筑0号块件，箱梁高度大于6m时可分两次浇筑，第一次浇筑至箱梁中性轴附近再断缝，余下部分应一次浇筑完成，龄期差最好不要超过15d，1号块和0号块的浇筑龄期差也最好不要超过15d，并在结合部位增设钢筋焊网或阻裂纤维。

(2)安全及防裂措施

消除托架非弹性变形。托架安装完成后，要进行加载试验。按照0号块施工时产生的竖向等效荷载的1.2倍进行预压，确保托架安全且不变形。

人洞防裂。在0号块横隔板人洞的两侧各1m范围内加设钢筋网，可以基本消除端隔墙上的裂缝。

为提高混凝土的抗裂性，建议在浇筑0号块及相邻几个梁段(可至$L/4$处)的混凝土中，掺加适量阻裂纤维，掺加量按国家相关规定执行。

(3)强度及张拉

混凝土浇筑结束后，应加强对梁段尤其是箱体内侧及外侧的洒水养护，当混凝土强度达到设计强度且龄期达到7～10d时，可以张拉预应力束。

纵向预应力束的张拉顺序应为先腹板、后顶板，先上后下，左右对称；当跨度大于130m时，纵向预应力束张拉结束后，应滞后三个梁段($n-3$)再张拉横向和竖向预应力筋，一次张拉到控制拉力，持续2min测取伸长量作校核，然后锚固；当跨度小于130m时，不必采用滞后三个梁段的张拉方案，可先张拉50%竖向钢束，再张拉横向钢束，然后张拉纵向钢束，最后再将竖向钢束一次张拉到位。

(4)高温时浇筑注意事项

在不改变混凝土强度的前提下，降低水灰比，采用高效减水剂，减少水的用量，降低水化热；用冷水喷洒碎石降温，加强草袋覆盖、凉水养护，养护周期应大于14d。

### 2.4.2 合龙段的浇筑

(1)基本要求

连续刚构桥合龙浇筑之前应分析确定最优合龙方案。连续刚构桥的边跨现浇、边跨合龙、中跨合龙是三个关键施工工序,应按照三个关键工序的全过程,均在结构处于稳定变形条件及平衡状态下进行,保证结构在施工阶段避免受到不平衡荷载的不利影响。

合龙前应在两端悬臂顶采取压重措施,并于混凝土浇筑过程中同步卸载,使悬臂挠度保持稳定;合龙宜在一天中最低气温且温度恒定时完成;合龙段混凝土应提高一个强度等级,以便尽早完成张拉,防止接缝处出现裂缝,应对合龙段及相邻梁段用土工布覆盖,以防日晒,适时浇水使之保持湿润,保证7d以上的养护时间。

(2)预拱度及跨中下挠控制

应根据跨中预应力度、结构及桥面铺装超方、收缩徐变的影响因素、施工质量的控制等情况,经业主、设计、监控、监理及施工各方全面分析研究后,在跨中设置适中的预拱度值,且其值宜大不宜小。

在跨中合龙段用千斤顶推主梁,预留一定的偏位,对合龙段形成一定的预压应力,顶推力及位移值应根据现场施工监控数据计算确定,且应遵循墩底不能出现拉应力及双薄壁墩反力值不要相差太大的原则;在合龙段使用微膨胀混凝土进行浇筑,并掺入适量网状树脂纤维;在边跨进行预压处理,以消除中跨合龙时产生的弯矩;设计时除满足现行规范规定的各项指标以外,还应适当增加中跨底板合龙束,并对底板束采取分批张拉;按设计要求在中跨底板处预留体外备用钢束,并在跨中区域预埋光纤光栅应变传感器或相当精度的其他监控装置,在使用阶段定期对应力及挠度进行观测,长期荷载作用下产生跨中下挠时,启用体内或体外备用钢束;应尽量推迟二期恒载的施工时期,最少不小于20d,以减少长期徐变的影响。

(3)边跨现浇段及合龙段

边跨现浇段混凝土一般在落地满堂式支架上分两段浇筑,应先浇筑靠近桥墩(台)梁段,再浇筑靠近悬臂段2m的梁段。

边跨合龙段的刚性骨架应在当天最低温度时安装并锁定,应先浇筑靠近桥墩(台)梁段混凝土,边浇筑边卸去边跨悬臂端水箱中的水,重量等同于所浇筑混凝土重量的一半;在当天最低温度时浇筑剩余梁段的混凝土,边浇筑边卸去边跨悬臂端水箱中的水,重量等同于所浇筑混凝土重量的一半,浇筑时间控制在2h以内;合龙段混凝土达到设计强度以上,混凝土成熟度大于100℃/d时,对称张拉底板及顶板纵向预应力钢束,底板钢束张拉顺序为先长束后短束,待纵向预应力钢束张拉完毕后,张拉横、竖向预应力筋。

### 2.4.3 混凝土浇筑质量的控制

(1)箱梁浇筑要求

悬臂根部附近的箱梁,当截面较大时可分2次浇筑,其施工工艺及要求应参考0号块相关要求。

应按施工规范严格控制箱梁各部尺寸,尽量避免结构超方;箱梁0号块混凝土达到设计强度后方可张拉纵横向预应力、安装挂篮及后续工作；每个梁段在混凝土初凝前应将箱梁顶面横向拉毛，浇筑每个梁段混凝土前，应对新旧混凝土的结合面凿毛洗净湿润，还应控制水灰比，降低集料温度，减少模板与混凝土间的摩阻力，加强养护，控制拆模时间等，以减少混凝土收缩及水化热对结构的影响，避免收缩和水化热而产生裂缝；应适当设置抗裂构造钢筋，防止混凝土收缩裂缝。

注重箱梁外观质量，避免蜂窝、麻面、空洞、错台等现象；主梁各梁段的施工工期差不大于15d，各节段的张拉混凝土龄期不能小于7d，低温时不能小于10d；预应力钢束张拉结束后，应尽早进行管道压浆，并确保压浆密实度，压浆所用的水泥浆强度等级应与主梁混凝土一致，并加入阻锈材料和微膨剂，待浆体达到85%强度以后再前移挂篮。

严格按设计要求施工防崩钢筋，以减小预应力束径向力对底板的影响；齿板钢筋应与其他钢筋绑扎为整体，齿板混凝土也应与箱梁混凝土同时浇筑，以保证齿板与主梁的整体性，注意锚下混凝土的振捣密实，压浆后应及时封锚；当预应力管道与普通钢筋发生干扰时，可局部适当调整普通钢筋的位置，但不得切断。

做好施工组织设计，避免在最高气温时浇筑混凝土。在高温干燥季节，夜间浇筑混凝土受风和温度影响相对较小，且可在接近日出时终凝，有利于早期防裂。

(2)养生及管养制度

应根据环境、水泥品种、外加剂等情况，提出具体的养护方案并严格执行；混凝土浇筑完成后，应在收浆后尽快覆盖和洒水养护；寒冷地方不提倡冬季施工，当气温低于5℃时，应覆盖保温，不得直接向混凝土裸面洒水；养护用水应与拌和用水相同；有条件时应进行蒸汽养护。

加强施工期间的温度管理，及时准确地对温度进行观测，并根据所测温度，对养护方案进行相应调整；重视施工期间的温度控制准备工作，如制冷厂、制冰机的安装调试，冷却水管及保湿材料的准备等。

### 2.4.4 关键工艺及注意事项

(1)预拱度设置

应根据混凝土及支架的弹性和非弹性变形，设置施工预留拱度，并在立模和浇筑前分别进行检查。各悬臂浇筑段前端底板和桥面的高程，应根据挂篮前端的垂直变形、各阶段混凝土梁的弹、塑性变形设置预拱度。

(2)接缝质量控制

凿除以完成节段接缝表面上的浮浆，当混凝土强度达到75%时，将已完成节段的混凝土表面凿成凹凸不平，凿毛时要有一定的深度和密度，以增加先后浇筑混凝土的咬合作用，使先后浇筑混凝土的集料形成犬牙交错之势。每一梁段接缝处要求钻孔取样，检查接缝混凝土质量和接缝质量，如发现接缝处的混凝土出现局部蜂窝、麻面、缝隙等现象，应及时对这些缺陷进行处理，对可见裂缝及时采取压浆处理。

(3)预应力施工

预应力管道定位一定要准确，确保结构的有效预应力度；预应力束张拉完毕后应及时灌浆,应采用真空压浆等技术,确保管道灌浆饱满;做好现场预应力管道的摩阻试验,获得比较接近于实际的徐变系数和管道摩阻系数、偏差系数,以便及时校正设计参数,指导现场施工;预应力钢束的张拉环节至关重要,应采取桥梁预应力精细化施工全过程智能测控等先进技术;智能张拉竖向预应力筋的有效施加也至关重要,应按设计要求采用2次张拉等工艺和相关措施(见设计部分)。

(4)控制超方

采取有效措施,严格控制主梁结构超方;以厚度控制为原则,严格控制桥面铺装超方。

(5)施工机械

保证模板具有足够的刚度;合龙段劲性骨架具有较强的刚度;尽量减轻施工自重;挂篮自重不得大于最重梁段自重的0.45倍,同时挂篮应具有调整±6cm竖向高度的功能。

(6)抗风

合龙时间应避开大风季节;每节段的施工应注意天气预报,当大风预报时,应立即停止施工,做好防风准备,使两悬臂端不出现不平衡荷载,采取可靠措施,以确保挂篮的牢固性。

(7)抗震

针对大跨径连续刚构桥梁以及高墩的大跨径连续刚构桥梁,要特别注意抗震性能的评估,采取相应的抗震措施。

# 3　施工监控

对施工过程中的应力、位移、混凝土弹模、管道偏差系数、管道摩阻系数等，实施实时监控，使各个施工阶段的理论控制值、实测值基本一致，最终达到设计成桥状态。

采集相关的现场施工参数，并对参数偏差进行分析，重新进行施工全过程计算，评判当前状态是否满足最终成桥状态要求，并对参数偏差进行评估，在此基础上发布新的施工监控指令。

施工监控布设的应力、应变、动力测试等传感器应考虑运营期长期监控的需要一次安装到位，避免重复投资。施工控制所用的坐标、高程等测量控制点应按永久要求布设，以便后期监控测量使用。

## 3.1　线形控制

线形控制分为两个方面，一是平面线形控制，即控制桥梁轴线在平面上符合设计要求或规范要求。这对于直线梁桥相对容易，而对于弯梁桥，则必须进行结构分析，通过采用适当的方法才能做到；二是竖向线形控制，一般是在梁上选取若干个点，通过控制这些点的高程来实现对线形的控制。竖向线形必须符合设计或规范要求。

## 3.2　应力控制

结构在自重下及施工荷载下的应力控制：实际应力与设计值相差宜控制在 ±5% 之内；结构预加应力控制：除对张拉实施双控（油表控制和伸长量控制，伸长量误差允许在 ±6% 以内）外，还必须考虑管道摩阻影响及管道灌浆饱满度的控制；温度应力控制：特别是大体积基础、墩柱、箱梁等的温度应力应重点监控；其他应力控制：特别是基础变位、风荷载、雪荷载等引起的结构应力应重点监控。

施工中用到的对桥梁施工安全有直接影响的支架、挂篮等的应力，必须在安全范围内。在保证内力满足要求的前提下，施工控制以几何控制为主，施工过程中出现的几何偏差应当从施工、测量、计算、参数取值等几个方面进行分析，并根据不同情况采取相应的偏差纠正措施。

## 3.3 稳定控制

施工过程是结构不断“长大”的过程，要经过复杂的体系转化，体系必须承受住可能出现的各种荷载而保持稳定，否则就会发生事故。在施工中，通过预测各种不利工况，采用监测手段，采取必要的措施，防止或制止结构失稳的过程称为稳定性控制。

## 3.4 安全控制

桥梁施工的安全控制是上述变形控制、应力控制、稳定控制的综合体现，上述各项得到了控制，安全也就得到了控制。

研究控制参数的合理取值，加强施工过程监控，重点监控主梁线形及曲率、墩顶偏位、实际温度场、箱梁扭转实际应力、混凝土实际徐变应力等。

# 4 运营健康监测

健康监测系统运行实践证明,该系统是一个功能完备、可靠性高的系统。健康监测系统基本内涵是通过对桥梁结构状态的长期时时监测与评估,为工程在特殊气候、交通条件下或运营状况严重异常时发出预警信号,为桥梁维护、维修与管理决策提供依据。

监测系统主要由以下四个部分组成:传感器系统、采集工作站系统、数据处理与控制系统以及软件系统,如图 4.1 所示。

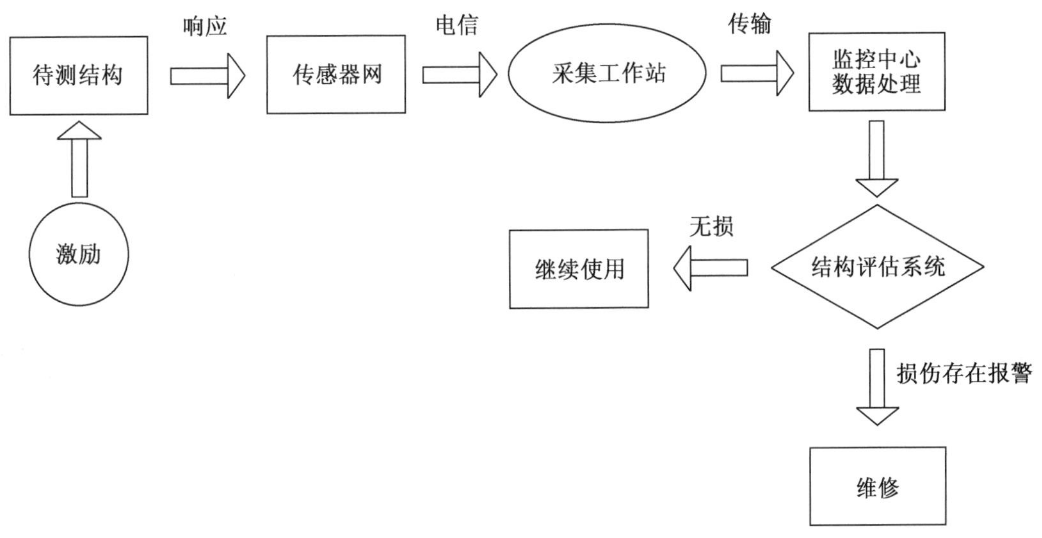


图 4.1 桥梁健康监测系统流程

运营监控应结合连续刚构桥梁普遍存在的跨中持续下挠及箱体开裂的状况,进行有针对性的动静态长期综合监控措施,并集成于统一桥梁自动监测评估系统内。

应尽量利用施工监控布设的应力、应变、动力测试等传感器及按设计要求布设的长期监控评估系统。控制测量所用的坐标、高程等测量控制点,应引用施工过程控制所布设的永久性观测点及基础数据。

## 4.1 健康监测系统部署的总体原则

### 4.1.1 基于合理的桥梁监测参数分析原则

确定需要而且可能监测的参数。比如:主梁控制截面的挠度、应力;相关外界环境(温度)。在全面分析桥梁所需监测参数的基础上,提出合理的监测布点。

### 4.1.2 科学的桥梁内力和挠度分析原则

桥梁监测系统的测点应布置于通过全桥建设~运营期内力和挠度分析得出的最不利处，也就是全桥最容易失效的位置。譬如，布置于正负挠度最大值处、应力峰值处等。

### 4.1.3 基于桥梁病害调查的布点原则

针对已建桥梁，在桥梁常见病害调查的基础上，将测点布置于该桥型易发病害的位置，旨在通过监测桥梁容易发生病变位置的内力、变形状态，达到安全预警预报的目的。

### 4.1.4 几何尺寸覆盖原则

在前述监测参数原则、内力分析原则和病害调查原则的基础上，适当考虑几何尺寸覆盖的原则。因为，前述分析是基于桥梁在同条件施工状况下进行的，但实际上由于桥梁各部位施工情况不尽相同甚至有较大差别。因此，为了“捕捉”桥梁最不利位置，测点布置应从几何尺寸范围上尽量覆盖桥梁。

### 4.1.5 对称性原则

可合理利用结构的对称性，达到减少传感器布设的目的。

### 4.1.6 “轻重、缓急”的原则

桥梁监测系统建立起来后，也并非一成不变。随着监测要求的变化、监测元件精度的提高，监测系统具有可扩充、可调整能力。因此，在监测经费紧张的情况下，目前仅对“危险”截面布点监测，而对于一般的部位可缓布。随着监测经费的增加，按“轻重缓急”的原则增加布点监测。

### 4.1.7 便于安卸、更换的原则

在满足前述各项原则的情况下，传感器的布设还应便于安卸、更换。

## 4.2 动力响应监测

桥梁动态性能的改变反映了桥梁刚度性能的改变，因而获取桥梁的动力特性即获取了结构的“指纹”，作为评价桥梁健康状态的主要指标。桥梁结构的受损和安全性降低主要是由于桥梁主要构件和结构的疲劳损伤的累积结果，而桥梁结构疲劳损伤主要是由于动荷载作用下的交变应力作用的结果。

影响主梁振动特性的主要因素是主梁结构本身的刚度、质量分布、阻尼等，同时环境温度、交通状况、索塔振动、风况等对主梁的振动特性也有影响。主梁结构的动态响应往往与引起整体振动的强振源相联系，因此，通过对主梁振动的监测，不仅可以识别主梁结构的动态特性参数，还可以实现对主梁结构承受波动载荷历程的记录。

宜在箱梁跨中、1/4、3/4、1/8、3/8 关键截面的腹板外侧、底板底面等位置布设高感度

加速度计传感器,从而长期自动监控连续刚构桥梁的动力特性。

动力响应测试主要包括:白噪声测试、自振试验、行车试验。

(1)白噪声测试主要进行背景噪声测量;

(2)自振试验主要进行在桥面无交通荷载以及桥址附近无规则振源的情况下,测定桥跨结构由于桥址处风荷载、附近的车辆、机器等振动或地脉动和水流等随机荷载激励而引起的桥跨结构微幅振动响应;

(3)行车试验包括无裂缝行车试验与有裂缝行车试验。

建议在连续刚构桥梁竣工验收前,按照现行《公路桥梁承载能力检测评定标准》进行桥梁自振频率的检测及评定,同时与加速度计自动监测结果进行对比分析,及时掌握桥梁结构损伤情况。竣工验收后,建议每隔 5 年进行一次桥梁自振频率的检测及评定,同时与加速度计自动监测结果进行对比分析。

## 4.3 静力监测

运营状态静力监测包括应力应变、挠度两方面的监测。

### 4.3.1 应力应变监测

运营状态中梁的应力、应变的变化是由于梁结构的外部条件和内部状态变化引起的,外部条件主要有支座的变化及车辆荷载的作用等,而内部状态有混凝土的收缩徐变、温度变化及预应力损失等。监测主梁应力的目的在于通过对主梁结构的控制部位和重点部位内力的监测,研究主梁结构的内力分布、局部结构及连结处在各种载荷下的响应,为结构损伤识别、疲劳损伤寿命评估和结构状态评估提供依据。同时,通过控制点上的应力和应变状态的变异,检查结构是否有损坏或潜在损坏的状态。一般的应力应变监测采用电阻应变传感器,但电阻式应变仪的零漂、接触电阻变化以及温漂等给系统带来一定的误差。且电阻式应变传感器的寿命较短,故从长期监测和信号传输等方面考虑,宜采用(或部分采用)适合长期监测用应变传感器。

宜在墩高较高的主墩墩底、墩顶以及箱梁主跨 1/2、1/4、3/4 及边跨 1/2 位置处安装高精度智能振弦式表贴应变计,实时监控梁体应力应变情况;同时,为使施工—运营期监测相结合,宜在施工监控布设应力监控位置安装高精度智能振弦式表贴应变计。

### 4.3.2 挠度监测

根据大桥的受力控制断面,主梁的变形测量主要为主梁竖向挠度变形观测,宜在箱梁主跨 1/2、1/4、3/4 及边跨 1/2 位置处安装高精度连通管式变位计,实时监控梁体下挠及变位情况;宜在墩高较高的主墩顶安装高精度二维倾斜计,实时监控高墩变位情况。

建议每半年进行一次高精度桥梁结构线形测量,并与自动监测数据作对比,准确掌握梁体下挠状况。

## 4.4 表观监测

宜在箱梁跨中底板、腹板及根部等易发生裂缝的位置安装高感度裂缝计、机敏网等裂缝传感器,实时监控梁体开裂变形情况。

主要监测方案:

(1)对每一主要裂缝,根据裂缝长度,在首发裂缝最宽处安装1个裂缝计,监测裂缝位置、宽度发展情况。

(2)对每一主要裂缝,在裂缝延伸的前端无裂缝的地方(例如腹板或底板)安装机敏网裂缝传感器,实时监测相应裂缝的发展情况。

(3)对每一主要裂缝之间或在其旁边沿裂缝顺向安装机敏网裂缝传感器,实时监测是否还有裂缝的发生。

(4)在箱梁内顶板上各安装4张机敏网,实时监测是否还有裂缝的发生。

# 5 养护

## 5.1 总则

桥梁结构的使用应符合设计给定的使用条件，禁止或控制超载超限车辆的通行；使用过程中必须进行定期检查、检测和维护。

## 5.2 评定标准及养护思路

桥梁通车运营后，应根据相关检测资料，按照现行《公路桥梁技术状况评定标准》，对桥梁结构各部分进行技术状况评定，并按评定结果对桥梁进行相应的分类养护。

一类结构：只需进行日常保养；二类结构：需小修；三类结构：需中、大修或局部加固；四类结构：需通过全面检测验算确定养护措施或加固改善。

## 5.3 检查与养护

(1)下部结构：应做好主桥基础沉降变位的观测工作。根据结构受力特点，需对主桥桥墩设置永久观测点，进行基础沉降及变位的观测。观测每6个月进行一次，若发现异常情况，必须进行连续观测，做好记录。每次观测完毕，将当前基础沉降观测值与以前观测结果进行比较，求出基础总的沉降量，并分析各墩沉降变位，特别是不均匀沉降对桥梁结构的影响，预测其发展趋势，做出对桥梁结构影响的科学评价。

(2)主桥箱梁：影响混凝土结构耐久性的主要病害是混凝土开裂，从裂缝中侵入的水汽或有腐蚀作用的介质，将导致钢筋锈蚀、混凝土开裂剥落，应对混凝土梁体的开裂情况进行重点检查。检查的内容主要有：梁体混凝土是否出现或将要出现开裂、露筋或混凝土剥落及表面风化等病害；箱梁顶板特别是行车道部分的顶板是否出现裂纹、局部渗水等现象；主梁纵向预应力齿板是否出现混凝土开裂或剥落，特别是预应力锚头和预应力弯起区段的混凝土。沿预应力筋的混凝土表面有无纵向裂纹；在主梁上设置观测点，定期观测主梁的高程变化，发现异常时应及时应对。